¿Por qué celebramos
EL DÍA DE LA INDEPENDENCIA?

T0014655

Jonathan Potter

Traducido por Ana María García

PowerKiDS
press.

New York

Published in 2019 by The Rosen Publishing Group, Inc.
29 East 21st Street, New York, NY 10010

First Edition

Translator: Ana María García
Editorial Director, Spanish: Nathalie Beullens-Maoui
Editor, Spanish: Rossana Zúñiga
Book Design: Reann Nye

Photo Credits: Cover Ivan Marc/Shutterstock.com; p. 5 Monkey Business Images/Shutterstock.com; p. 6 Robert Pernell/Shutterstock.com; p. 9 JohnKwan/Shutterstock.com; p. 10 Valeriya Zankovych/Shutterstock.com; p. 13 Jose Luis Pelaez Inc/Blend Images/Getty Images; pp. 14, 24 wavebreakmedia/Shutterstock.com; pp. 17, 24 Blend Images- KidStock/ Brand X Pictures/Getty Images; p. 18 VisionsofAmerica/Joe Sohm/DigitalVision/Getty Images; p. 21 Ariel Skelley/DigitalVistion/Getty Images; pp. 22, 24 (fireworks) nd3000/Shutterstock.com.

Cataloging-in-Publication Data

Names: Potter, Jonathan.
Title: ¿Por qué celebramos el Día de la Independencia? / Jonathan Potter.
Description: New York : PowerKids Press, 2019. | Series: Celebremos las fiestas estadounidenses | Includes index.
Identifiers: LCCN ISBN 9781538332979 (pbk.) | ISBN 9781538332962 (library bound) |
ISBN 9781538332986 (6 pack)
Subjects: LCSH: Fourth of July–Juvenile literature. | Fourth of July celebrations–Juvenile literature.
Classification: LCC E286.P68 2019 | DDC 394.2634 –dc23

Manufactured in the United States of America

CPSIA Compliance Information: Batch #CS18PK: For Further Information contact Rosen Publishing, New York, New York at 1-800-237-9932

CONTENIDO

El 4 de julio se celebra
el Día de la Independencia.
¡Es el cumpleaños
de Estados Unidos!

5

6

El Día de la Independencia celebra a las trece colonias americanas que formaron los Estados Unidos.

Thomas Jefferson escribió
la Declaración de
Independencia en 1776.
Esta declaración se hizo oficial
el 4 de julio.

9

Los estadounidenses celebran el Día de la Independencia. También se conoce como el 4 de julio.

El 4 de julio es un día feriado en verano. La gente lo celebra al aire libre.

Familias y amigos se reúnen para hacer pícnic.
Cocinan a la **parrilla**.

En el Día de la Independencia se hacen **desfiles**.
La gente lleva la bandera de Estados Unidos.

El desfile nacional tiene lugar
en Washington, D. C.
El presidente vive
en Washington, D. C.

La bandera de Estados Unidos
es roja, blanca y azul.
La gente viste con estos colores
para celebrar.

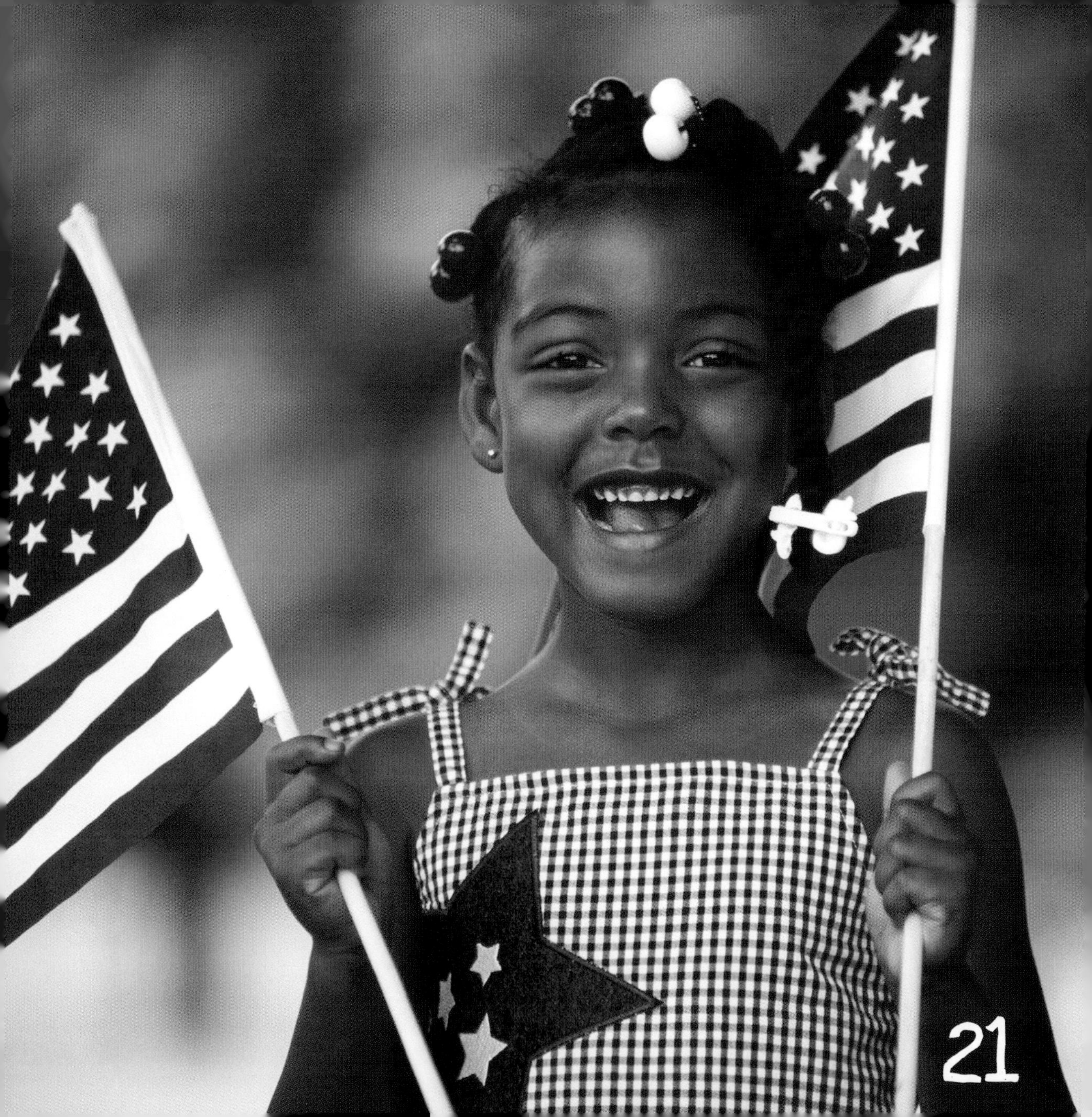

Por la noche, la gente va a ver los **fuegos artificiales**. ¡Los fuegos artificiales iluminan el cielo!

Palabras que debes aprender

(los) fuegos artificiales

(la) parrilla

(el) desfile

Índice

Sitios de Internet

Debido a que los enlaces de Internet cambian constantemente, PowerKids Press ha desarrollado una lista en línea de sitios de Internet relacionados con el tema de este libro que se actualiza regularmente. Utiliza este enlace para acceder a la lista: www.powerkidslinks.com/ushol/indep